LES 142 CITATIONS D'UNE COMBATTANTE

Dr ELIKYAH KAYEMBE HAEMERS

LES 142 CITATIONS D'UNE COMBATTANTE

Remerciements :

À Dieu, Mon Créateur Qui a Jugé bon que je sois comptée parmi les vivants et que j'arrive au bout de ce projet qui me tenait tant à cœur.

À ma chère et tendre maman, une héroïne, une femme battante qui a tout sacrifié par amour pour ses enfants.

Merci à toi papa de nous avoir guidés vers le chemin des études et de nous avoir donné la soif d'apprendre et à mes frères et sœurs biologiques que je qualifie de meilleurs amis d'enfance.

Également à mes autres parents de cœurs j'ai cité le couple Musula, le feu couple Olangi, Mamie Anne, Maman Sarah, Maître Dieudonné du Ciel Bukasa, Maman Angèle Motoko et à tous mes frères et sœurs de cœur.

Merci à toutes les personnes qui m'ont combattue et m'ont permis d'atteindre l'excellence en aiguisant ma détermination à vivre le changement.

Merci au Pasteur Joël Bajicky et à son épouse pour lui avoir permis de mobiliser son temps pour la rédaction de cet ouvrage.

Dr Elikyah Kayembe Haemers

LES 142 CITATIONS D'UNE COMBATTANTE

Merci à nos meilleurs amis d'enfants, nos compagnons de lutte Isaakh, Eliraz et Yoshua.

Merci à mon chéri d'époux, mon mentor, mon professeur, mon ami fidèle, mon Timothy.

Dr Elikyah Kayembe-Haemers, néphrologue.

LES 142 CITATIONS D'UNE COMBATTANTE

DROITS D'AUTEUR RESERVES A MADAME KAYEMBE-HAEMERS ELIKYAH

LES 142 CITATIONS D'UNE COMBATTANTE

Avant-propos :

Cet ouvrage est destiné à tous les habitants de la Planète Terre, croyants ou non, à tous ceux qui luttent pour vivre pour ne pas dire survivre, à tous ceux qui parfois sont surpris par des vagues contraires menaçant leur avenir. En ces temps d'insécurité et d'incertitude face entre autres à la pandémie du coronavirus, aux catastrophes naturelles (une pensée à toutes les familles qui ont perdu un être cher) et humaines (guerres et actes de terreur), je crois que ce recueil tombe à point.

Mon conseil de lecture est de ne pas parcourir cet ouvrage d'un trait mais de prendre le temps de décortiquer chaque citation, chaque phrase, chaque mot afin de leur donner un sens par rapport à son propre parcours, à sa propre vie, à sa propre histoire, à ses propres combats.

Lisez, relisez parfois plusieurs jours de suite une même citation, passez de la première à la vingtième citation puis revenez à la deuxième. Peu importe, le plus important dans tout ceci est de puiser la force pour aller de l'avant.

Dr Elikyah Kayembe Haemers

La vie est belle quelle que soit la teinte que les circonstances peuvent lui imposer. Luttez, luttez et vous vous en sortirez. La vie vaut la peine d'être vécue.
Je vous aime.

LES 142 CITATIONS D'UNE COMBATTANTE

Remarque : certaines citations sont suivies par une page blanche recto-verso.

Je pensais au départ les illustrer par des dessins mais étant donné qu'il s'agit de votre vécu, de votre histoire, je vous invite à combler vous-mêmes ces pages par un dessin, un mot, un prénom, une phrase, une question, une interrogation, une exclamation, un projet écrit par vous-mêmes ou un être cher ou simplement d'y coller une photo ou une image propre à votre parcours, vos expériences ou vos sentiments. Cela peut aussi être un document relatif à un événement heureux comme douloureux (lettre de licenciement...).

Cette illustration peut se faire immédiatement ou de manière graduelle après plusieurs lectures. Rien ne vous empêche aussi de rajouter des pages pour certaines citations.

Faites ce que vous voudrez, libre à vous de marquer votre propre empreinte.
Il s'agit de votre histoire. Il s'agit de votre livre.

Dr Elikyah Kayembe Haemers

LES 142 CITATIONS D'UNE COMBATTANTE

TABLE DES MATIÈRES :

CHAPITRE I : COMBATS ET TU VAINCRAS

CHAPITRE II : PRENDS CONSCIENCE DE QUI TU ES

CHAPITRE III : AIME-TOI ET CROIS-EN TOI

CHAPITRE IV : SOIS TOUJOURS OPTIMISTE

CHAPITRE V : RENONCE A LA NEGATIVITE

CHAPITRE VI : SOIS HUMBLE

CHAPITRE VII : SOIGNE TON ENTOURAGE

CHAPITRE VIII : REFUSE LA DISTRACTION

CHAPITRE IX : CONTOURNE TOUS LES OBSTACLES SUR TON CHEMIN

CHAPITRE X : FAIS TOUJOURS LE CHOIX D'AIMER

CHAPITRE XI : NE MEPRISE PERSONNE

CHAPITRE XII : USE DE SAGESSE ET DE DISCRETION

CHAPITRE XIII : UTILISE TON TEMPS A BON ESCIENT

CHAPITRE XIV : PROFITE DE CHAQUE MOMENT

CHAPITRE XV : QUE PERSONNE NE T'INTIMIDE

CHAPITRE XIV : DETACHE-TOI DE LA FOULE

CHAPITRE XV : NE TE CONTENTE PAS DE PEU, VA AU-DELA DES LIMITES.

LES 142 CITATIONS D'UNE COMBATTANTE

CHAPITRE XVII : SOIS DETERMINE, FIXE LES YEUX SUR TON OBJECTIF

CHAPITRE XVIII : NE TE LASSE PAS DE FAIRE LE BIEN

CHAPITRE XIX : SOIS TOUJOURS TOLERANT

DEDICACE ET POUR FINIR…

CHAPITRE I :

COMBATS ET TU VAINCRAS

Apocalypse 17 : 14
14 Ils combattront contre l'agneau, et l'agneau les vaincra, parce qu'il est le Seigneur des seigneurs et le Roi des rois, et les appelés, les élus et les fidèles qui sont avec lui les vaincront aussi.

Jérémie 1 : 18-19
18 Voici, je t'établis en ce jour sur tout le pays comme une ville forte, une colonne de fer et un mur d'airain, contre les rois de Juda, contre ses chefs, contre ses sacrificateurs, et contre le peuple du pays. 19 Ils te feront la guerre, mais ils ne te vaincront pas; car je suis avec toi pour te délivrer, dit l'Eternel.

1. Il n'y a pas d'histoire sans combats.

2. Tes souffrances font partie de ta formation car sans formation, pas d'élévation.

3. Même si les combats t'ont amoché, ce n'est pas grave, les soldats mettent de la boue sur leurs visages lorsqu'ils vont en guerre. Quand sonnera ta victoire, tu enlèveras tout le camouflage.

4. Les défis redoutables annoncent une victoire incontestable.

5. Si tu as éprouvé le feu et qu'il ne t'a pas consumé, tu ne craindras pas les feux d'artifices de la vie.

6. Certaines victoires permanentes peuvent t'imposer des douleurs passagères.

7. Un soldat bien préparé au combat ne se décourage pas quand vient l'adversité.

8. En période de canicule, les gens cherchent une place à l'ombre pour se reposer. Quand les combats se multiplient, mets-toi à l'ombre pour te ressourcer.

9. Pour relever les défis de ta destinée, tu dois comprendre que ta grandeur est attachée à la taille de tes combats et parfois au nombre de tes défaites.

10. Ne peut vaincre que celui qui a lutté. *Il dit : ton nom ne sera plus Jacob, mais tu seras appelé Israël ; car tu as lutté avec Dieu et avec des hommes, et tu as été vainqueur. Genèse 32 : 28*

11. Pour ceux qui savent se relever rapidement de leurs échecs, l'opportunité vient à eux la main tendue.

LES 142 CITATIONS D'UNE COMBATTANTE

CHAPITRE II :

PRENDS CONSCIENCE DE QUI TU ES

Exode 7:1
L'Éternel dit à Moïse: Vois, je te fais Dieu pour Pharaon: et Aaron, ton frère, sera ton prophète.

Psaumes 82 : 6-7
6 J'avais dit: Vous êtes des dieux, Vous êtes tous des fils du Très-Haut.
7 Cependant vous mourrez comme des hommes, Vous tomberez comme un prince quelconque.

12. Tu n'as pas besoin que les gens croient en toi pour avancer, tu as juste besoin de savoir qui tu es.

13. Progresser dans la vie sans prendre conscience de qui tu es et où tu vas est comme marcher pieds nus avec une couronne sur la tête et de l'or dans les mains.

14. Tu te minimises parce que tu ignores qui tu es.

15. Ton don est ton identité.

16. Peut-on jeter des pierres aux étoiles pour les empêcher de briller ?

LES 142 CITATIONS D'UNE COMBATTANTE

17. La seule chose qui peut arriver si tu essaies de jeter des pierres à une étoile est que les pierres en question te tombent dessus. Les étoiles sont trop élevées, de fait inaccessibles.

18. L'humiliation et le mépris des hommes n'enlèveront rien à ma grandeur.

19. Je n'ai rien mais j'ai **tout.**

20. Ton futur tout comme ton bonheur ne dépendent pas de ce que tu as ni de ce que tu es mais de qui tu es.

CHAPITRE III :

AIME-TOI ET CROIS-EN TOI

Philippiens 4 : 13
Je peux tout en celui qui me donne la force.

21. Ne manque pas le rendez-vous avec ta destinée sous prétexte qu'on te jette des pierres.

22. La raison de tes échecs dans la vie est que tu veux mener une existence qui n'est pas tienne. Peux-tu lire et écrire ton histoire en empruntant les lunettes d'un autre ou face au miroir de la vie, chercher à contempler le visage de ton futur au travers du reflet d'un autre ?

23. Tu n'as pas besoin que les gens reconnaissent tes talents, tu as juste besoin de constater que tes talents impactent la vie des gens.

24. J'ai appris à m'aimer comme je suis car tout ce que je veux être se trouve en moi.

CHAPITRE IV :

SOIS TOUJOURS OPTIMISTE

Psaumes 56:4
Je me glorifierai en Dieu, en sa parole; Je me confie en Dieu, je ne crains rien: Que peuvent me faire des hommes?

Psaumes 71:5
Car tu es mon espérance, Seigneur Éternel! En toi je me confie dès ma jeunesse.

Psaumes 91:2
Je dis à l'Éternel: Mon refuge et ma forteresse, Mon Dieu en qui je me confie!

Nahum 1:7
L'Éternel est bon, Il est un refuge au jour de la détresse; Il connaît ceux qui se confient en lui.

25. Sois toujours optimiste car si les hommes peuvent contribuer à donner vie à tes rêves, toi seul peux les faire mourir.

26. Il est vrai que je ne sais pas de quoi demain est fait mais je bâtis mon présent avec la foi et l'espérance.

27. Il y a des situations qui ne dépendent pas du nombre de tes actions mais de ton calme et de ta confiance en Dieu.

28. Sur le chemin tracé de ton humiliation se découvre le chemin révélé de ta bénédiction.

29. Souffrance ne signifie pas défaite.

30. Ton monde ne s'écroule que quand tu l'as décidé.

31. Si ta vie n'a pas de sens, donne-lui une direction.

32. Inconnu n'est pas synonyme de tout est perdu.

33. L'opposition de tes ennemis est un prétexte pour la grandeur.

34. Les blessures d'hier t'ont coûté cher mais elles ne t'ont pas coûté la vie.

35. J'ai beaucoup pleuré mais j'ai aussi beaucoup ri.

36. La véritable réussite dans la vie c'est d'avoir rendu ses victoires infiniment plus grandes que ses échecs.

CHAPITRE V :

RENONCE A LA NEGATIVITE

Psaumes 37:37
Observe celui qui est intègre, et regarde celui qui est droit; car il y a une postérité pour l'homme de paix.

Psaumes 118:24
C'est ici la journée que l'Éternel a faite: Qu'elle soit pour nous un sujet d'allégresse et de joie!

37. Résiste à l'oppression et fuis la dépression.

38. La tristesse est une incruste dont il faut se débarrasser avant qu'elle n'invite sa sœur dépression et sa cousine régression.

39. Quand ton entourage immédiat devient trop oppressant et hostile au point de t'étouffer, maximalise tes efforts à donner de l'amour en profusion au-delà des frontières de ton environnement.

40. Quand la haine te cible, délocalise et répands ton amour. Tu en recueilleras de bons fruits pour ton âme.

41. Ne te suicide pas, plusieurs âmes(personnes) doivent bénéficier de ton témoignage.

42. J'ai décidé que les circonstances et les épreuves de la vie pouvaient concourir à me transformer mais jamais à me déformer.

LES 142 CITATIONS D'UNE COMBATTANTE

CHAPITRE VI :

SOIS HUMBLE

Jacques 4:6
Il accorde, au contraire, une grâce plus excellente; c'est pourquoi l'Écriture dit: Dieu résiste aux l'orgueilleux, Mais il fait grâce aux humbles.

1 Pierre 5 : 6 - 10
6 Humiliez-vous donc sous la puissante main de Dieu, afin qu'il vous élève au temps convenable; 7 et déchargez-vous sur lui de tous vos soucis, car lui-même prend soin de vous. 8 Soyez sobres, veillez. Votre adversaire, le diable, rôde comme un lion rugissant, cherchant qui il dévorera. 9 Résistez-lui avec une foi ferme, sachant que les mêmes souffrances sont imposées à vos frères dans le monde.
10 Le Dieu de toute grâce, qui vous a appelés en Jésus-Christ à sa gloire éternelle, après que vous aurez souffert un peu de temps, vous perfectionnera lui-même, vous affermira, vous fortifiera, vous rendra inébranlables. 11A lui soit la puissance aux siècles des siècles!

43. L'humilité n'est pas un défi mais un choix. J'ai choisi de la poursuivre pour éviter d'être humiliée par les épreuves et les combats de la vie ici-bas.

44. Chaque fois que ton cou voudra concurrencer ta tête en termes de diamètre, souviens-toi de tes faibles commencements.

45. Dans la galère, l'orgueil m'a tourné le dos et a refusé d'être mon compagnon de lutte. Depuis, je lui ai fermé la porte et j'ai refusé de faire de lui mon compagnon de route.

46. Tu veux rester humble ? Grave dans ta mémoire le souvenir du prix de tes victoires.

47. L'humilité est le fruit de la reconnaissance de ses faiblesses.

48. L'humilité et la simplicité peuvent te faire gagner du temps dans le combat.

49. L'humilité est un outil précieux pour ta percée car elle te permettra de distinguer le vrai du faux et de discerner entre réel défi et pure vanité.

50. Si tu touches la profondeur de l'humiliation, ne te décourage pas. Guette l'opportunité de maîtriser les enjeux de l'humilité.

51. Garde silence aujourd'hui pour mieux parler demain.

52. La vie est une école où même ton ennemi peut être ton professeur.

53. J'ai appris à compter sur Dieu car les miens comptent sur moi.

CHAPITRE VII :

SOIGNE TON ENTOURAGE

Psaumes 1 : 1
Heureux l'homme qui ne marche pas selon le conseil des méchants, Qui ne s'arrête pas sur la voie des pécheurs, Et qui ne s'assied pas en compagnie des moqueurs,

1 Corinthiens 15 : 33
Ne vous y trompez pas: les mauvaises compagnies corrompent les bonnes mœurs.

54. Dans la vie, il y a des gens qui viennent t'apporter quelque chose mais nombreux sont ceux qui viennent te voler. Tout le monde ne s'appelle pas ami.

55. Refuse de laisser entrer dans ta vie des personnes qui viennent noircir tes défauts et étouffer tes talents.

56. Que tes yeux ne voient que ce que tu dois voir, que tes oreilles n'entendent que ce que tu dois entendre, que tes pieds n'aillent que là où tu dois aller. Ne perds pas ton temps à chasser les mouches d'un endroit, déplace-toi.

57. Ne perds pas ton temps à compter tes ennemis, compte plutôt tes amis.

58. Le visage de tes bienfaiteurs peut se dessiner avec le temps et les épreuves.

59. Si tu observes une personne dans sa montée et qu'elle brille comme une étoile, sois humble, n'envie pas, ne jalouse pas, reconnais et étudie sa grâce car sa lumière pourrait éclairer une étape de ton parcours ici-bas.

60. Attache-toi aux personnes qui détiennent les clés de ton succès et non à celles qui se tiennent à la porte.

CHAPITRE VIII :

REFUSE LA DISTRACTION

1 Corinthiens 7:35
Je dis cela dans votre intérêt; ce n'est pas pour vous prendre au piège, c'est pour vous porter à ce qui est bienséant et propre à vous attacher au Seigneur sans distraction.

Colossiens 3:2
Affectionnez-vous aux choses d'en haut, et non à celles qui sont sur la terre.

61. Pendant que tu es dans la distraction et que tu perds ton temps dans les animosités, Madame Stagnation te lie mains et pieds et Monsieur Retard te bande les yeux.

62. Si tu ne sais jamais boucher les oreilles, tu ne pourras jamais L'entendre, si tu ne sais jamais fermer les yeux, tu ne pourras jamais Voir.

63. Sois occupé mais pas distrait car l'occupation t'aide à bâtir mais la distraction précipite ta chute.

64. Si tu te laisses distraire par les gens et les circonstances de la vie, tu perdras la semence enfouie en toi car ton potentiel nécessite une attention et des

égards particuliers pour germer, une persévérance et des soins sans relâche pour éclore.

65. Quand ton adversaire vient te distraire, fais tout pour être occupé. Sinon tu risques de confondre son canif avec une épée.

CHAPITRE IX :

CONTOURNE TOUS LES OBSTACLES SUR TON CHEMIN

Luc 19 : 1-6
1 Jésus, étant entré dans Jéricho, traversait la ville. 2 Et voici, un homme riche, appelé Zachée, chef des publicains, 3 cherchait à voir qui était Jésus; mais il ne pouvait y parvenir, à cause de la foule, car il était de petite taille. 4 Il courut en avant, et monta sur un sycomore pour le voir, parce qu'il devait passer par là. 5 Lorsque Jésus fut arrivé à cet endroit, il leva les yeux et lui dit: Zachée, hâte-toi de descendre; car il faut que je demeure aujourd'hui dans ta maison. 6 Zachée se hâta de descendre, et le reçut avec joie.

1 Samuel 17 : 30
Et il se détourna de lui pour s'adresser à un autre, et fit les mêmes questions. Le peuple lui répondit comme la première fois.

66. Si tu sais là où tu vas, tu ne t'embarrasseras pas des charges que les gens veulent te faire porter.

67. Tu ne pourras pas empêcher tes ennemis de t'approcher mais tu peux les empêcher de t'atteindre.

68. N'aide pas tes adversaires à te mettre hors-jeu.

69. Ne demande pas à tes ennemis d'arrêter de te torturer, demande à Dieu de te rendre indestructible.

CHAPITRE X :

FAIS TOUJOURS LE CHOIX D'AIMER

1 Corinthiens 13 : 13
Maintenant donc ces trois choses restent: la foi, l'espérance, l'amour; mais la plus grande des trois, c'est l'amour.

1 Jean 4:7
Bien-aimés, aimons-nous les uns les autres; car l'amour est de Dieu, et quiconque aime est né de Dieu et connaît Dieu.

1 Pierre 2:17
Honorez tout le monde; aimez les frères; craignez Dieu; honorez le roi. 8 Celui qui n'aime pas n'a pas connu Dieu, car Dieu est amour.

1 Jean 4:16
Et nous, nous avons connu l'amour que Dieu a pour nous, et nous y avons cru. Dieu est amour; et celui qui demeure dans l'amour demeure en Dieu, et Dieu demeure en lui.

70. Fais le choix d'aimer car le temps nous est compté.

71. Ne cesse jamais d'aimer car l'amour ne te donnera jamais tort.

72. La plus belle preuve d'amour c'est le pardon.

73. Pourquoi veux-tu à tout prix te venger ? Donne du pain et du beurre à ton ennemi, tu découvriras où il cache son couteau.

74. Bénis tes ennemis car Dieu Peut les Utiliser pour te dire : non, Mon Enfant pas ça, pas maintenant. Les timings divins, personne ne les connaît.

75. Plus je pense à ceux qui me détestent, plus je les aime.

LES 142 CITATIONS D'UNE COMBATTANTE

CHAPITRE XI :

NE MEPRISE PERSONNE

Matthieu 18:10
Gardez-vous de mépriser un seul de ces petits; car je vous dis que leurs anges dans les cieux voient continuellement la face de mon Père qui est dans les cieux.

Romains 14:3
Que celui qui mange ne méprise point celui qui ne mange pas, et que celui qui ne mange pas ne juge point celui qui mange, car Dieu l'a accueilli.

76. La différence n'appauvrit pas, elle enrichit car la différence ne soustrait pas, elle multiplie.

77. Si nous réalisons que les qualités d'une personne sont le résultat de sa lutte pour être un survivant, nous fournirons des efforts pour les acquérir afin d'être meilleurs.

78. C'est une qualité que d'apprécier les qualités des autres.

79. Quand une personne fait un excellent travail, ne perds pas le temps à critiquer, imite seulement. En tout cas c'est ma philosophie.

80. J'ai tellement à apprendre des autres que je ne perds pas mon temps à juger les gens.

81. Elève les autres pour qu'un jour tu sois élevé.

82. Pourquoi cherches-tu à manger les miettes de ton voisin alors que ton assiette est pleine ?

83. C'est aussi une grâce de bénéficier des grâces des autres.

CHAPITRE XII :

USE DE SAGESSE ET DE DISCRETION

Proverbes 2:11
La réflexion veillera sur toi, L'intelligence te gardera

Proverbes 8
11 Car la sagesse vaut mieux que les perles, Elle a plus de valeur que tous les objets de prix. 12 Moi, la sagesse, j'ai pour demeure le discernement, Et je possède la science de la réflexion. 13 La crainte de l'Eternel, c'est la haine du mal; l'arrogance et l'orgueil, la voie du mal, Et la bouche perverse, voilà ce que je hais.

84. Selon moi, le fou ne connaît pas la sagesse et en fait fi mais l'insensé fait fi de la sagesse alors qu'il la connaît. Le premier est à plaindre, le second à déplorer.

85. Le prisonnier physique lui au moins a conscience qu'il est en prison.

86. Dans la vie, ne parle pas trop, les gens observent tout.

87. Le fait d'avoir été trop bavard dans le passé a participé à détruire tes projets. Cette fois-ci, apprends à te taire et à bâtir dans le secret.

CHAPITRE XIII :

UTILISE TON TEMPS A BON ESCIENT

Proverbes 6:6-8
6 Va vers la fourmi, paresseux; Considère ses voies, et devient sage. 7 Elle n'a ni chef, ni inspecteur, ni maître; 8 Elle prépare en été sa nourriture, Elle amasse pendant la moisson de quoi manger.

Psaumes 90:12
Enseigne-nous à bien compter nos jours, afin que nous appliquions notre cœur à la sagesse.

88. Prudence car le temps que tu veux gagner en brûlant les étapes de la vie est infime par apport aux temps que tu perdras à recoller les morceaux d'une vie gâchée.

89. Le temps n'efface pas, il révèle, le temps n'efface pas, il imprime. Ta seule garantie pour un avenir serein est d'utiliser ton temps à bon escient.

90. La vie est-elle une course? Ce n'est certainement pas un sprint mais plutôt un marathon. Mais même dans les marathons, il y a des deadlines. Ainsi, j'ai appris à profiter des expériences des autres pour gagner du temps dans mon parcours.

91. Tu n'as pas besoin d'avoir toutes les réponses au moment X, tu dois juste formuler les questions.

92. L'essentiel n'est pas de savoir comment tu quitteras cette terre mais que laisseras-tu en la quittant.

CHAPITRE XIV :

PROFITE DE CHAQUE MOMENT

Ecclésiaste 5:18
Voici ce que j'ai vu: c'est pour l'homme une chose bonne et belle de manger et de boire, et de jouir du bien-être au milieu de tout le travail qu'il fait sous le soleil, pendant le nombre des jours de vie que Dieu lui a donnés; car c'est là sa part.

93. Même si l'adversité a été souvent ton partage, apprends à savourer tes moments de bonheur.

94. Dans le contentement, sécurise et chéris sans cesse ce que tu as bâti dans l'adversité.

95. Je n'attends pas que la guerre soit finie pour célébrer la victoire.

CHAPITRE XV :

QUE PERSONNE NE T'INTIMIDE

Jérémie 1 : 17
Toi, Jérémie, prépare-toi. Debout ! Va leur transmettre tout ce que je t'ordonnerai de leur dire. Ne te laisse pas intimider par eux, sinon je te rendrai timide devant eux.

96. L'importance que tu donnes à ce que les gens pensent de toi est l'importance que tu manques à t'accorder.

97. Le complexe est une erreur de jugement que le système du groupe impose à l'individu.

98. Ne te bats jamais avec les préjugés, brise-les.

99. Ton silence finira par faire taire tes ennemis.

100. On ne demande pas le respect, on l'impose.

101. La peur n'est ni un guide, ni un conseiller, c'est un poison.

102. Est-ce une paire d'yeux, un nez, une bouche et une paire d'oreilles qui t'intimident ?

Les gens sont faits de chair et d'os comme toi. Refuse leurs mépris et ne t'habitue pas à leurs louanges.

103. Aie de l'assurance mais refuse l'orgueil, recherche l'humilité mais renonce à l'humiliation.

104. Respecte tout le monde mais n'aie peur de personne.

CHAPITRE XIV :

DETACHE-TOI DE LA FOULE

Luc 19 : 1-4
1 Jésus, étant entré dans Jéricho, traversait la ville. 2 Et voici, un homme riche, appelé Zachée, chef des publicains, 3 cherchait à voir qui était Jésus; mais il ne pouvait y parvenir, à cause de la foule, car il était de petite taille. 4 Il courut en avant, et monta sur un sycomore pour le voir, parce qu'il devait passer par là.

2 Corinthiens 6:17
C'est pourquoi, Sortez du milieu d'eux, Et séparez-vous, dit le Seigneur; Ne touchez pas à ce qui est impur, Et je vous accueillerai.

105. Il te faudra parfois faire abstraction des autres pour te concentrer sur toi.

106. Il y a certaines solitudes que tu dois embrasser pour exceller car ton incompétence peut se mettre à l'aise et se pérenniser à cause du grand nombre de personnes qui t'entourent.

107. Tu devras sortir de la protection de dits « grands » pour entrer dans ta gloire.

108. Pour embrasser ta destinée, tu peux être amené à tourner le dos à la foule et à ses idées.

109. Si tu veux faire la différence, cherche à devenir une personne d'exception.

110. Tu n'es pas obligé de faire comme les autres, tu peux faire mieux.

111. Si la majorité l'emporte, cela ne signifie pas que la majorité a raison.

112. La personnalité c'est la capacité de se dissocier de la foule lorsque son intégrité est menacée.

113. J'ai perdu mon temps à paraître au lieu d'être.

CHAPITRE XV :

NE TE CONTENTE PAS DE PEU, VA AU-DELA DES LIMITES.

1 Chroniques 4 : 9-10
9 Jaebets était plus considéré que ses frères; sa mère lui donna le nom de Jaebets, en disant: C'est parce que je l'ai enfanté avec douleur. 10 Jaebets invoqua le Dieu d'Israël, en disant: Si tu me bénis et que tu étendes mes limites, si ta main est avec moi, et si tu me préserves du malheur, en sorte que je ne sois pas dans la souffrance!... Et Dieu accorda ce qu'il avait demandé.

Ésaïe 54:3
Car tu te répandras à droite et à gauche; Ta postérité envahira des nations, et peuplera des villes désertes.

114. Pour briser les barrières de la limitation, il te faudra d'abord briser tes chaînes.

115. Tu n'as pas de combat parce que tu n'as pas de vision.

116. Préfère la renommée à la célébrité.

117. Etudie, c'est une grâce que Dieu te donne pour t'honorer et t'élever au-delà de tes origines.

118. Fais tout ce que tu veux faire dans la vie afin de ne pas être frustré de la réussite des autres.

119. Si tu conçois que beaucoup de tes rêves sont des projets de Dieu, tu ne les verras plus impossibles.

120. La maturité n'est pas tuer son innocence mais tuer ses illusions. La maturité n'est pas tuer ses rêves d'enfant mais les convertir en ambitions.

118. Que ta foi soit le moteur pour réaliser tes rêves mais que ta violence en soit l'accélérateur.

119. La réussite dans la vie ne dépend pas de ton point de départ mais de ta détermination à atteindre l'arrivée.

120. Persévère jusqu'à briller.

CHAPITRE XVII :

SOIS DETERMINE, FIXE TES YEUX SUR TON OBJECTIF

Hébreux 12 : 1 - 3
1 Nous donc aussi, puisque nous sommes environnés d'une si grande nuée de témoins, rejetons tout fardeau, et le péché qui nous enveloppe si facilement, et courons avec persévérance dans la carrière qui nous est ouverte, 2 ayant les regards sur Jésus, le chef et le consommateur de la foi, qui, en vue de la joie qui lui était réservée, a souffert la croix, méprisé l'ignominie, et s'est assis à la droite du trône de Dieu. 3 Considérez, en effet, celui qui a supporté contre sa personne une telle opposition de la part des pécheurs, afin que vous ne vous lassiez point, l'âme découragée.

Psaumes 138 : 8
L'Éternel agira en ma faveur. Éternel, ta bonté dure toujours, N'abandonne pas les œuvres de tes mains!

Philippiens 1:6
Je suis persuadé que celui qui a commencé en vous cette bonne œuvre la rendra parfaite pour le jour de Jésus Christ.

121. Il vaut mieux poursuivre le bonheur que de le chercher.

122. Ne te lasse pas, continue à fournir et à multiplier tes efforts pour chercher la solution afin qu'un jour s'ouvre la porte qui te donnera accès à tes trésors et bénédictions.

123. La question n'est pas pourquoi moi ? Mais comment vais-je faire pour m'en sortir ? J'ai cité Monsieur PM d'heureuse mémoire.

124. La persévérance fait fléchir l'opposition.

125. Ne reste pas dans le feu parce(sous-prétexte) qu'il brûle.

126. Ne sois pas de ceux qui attendent que la mer soit mise à sec pour sauter du bateau.

CHAPITRE XVIII :

NE TE LASSE PAS DE FAIRE LE BIEN

Galates 6 : 8-10
8 Celui qui sème pour sa chair moissonnera de la chair la corruption; mais celui qui sème pour l'Esprit moissonnera de l'Esprit la vie éternelle. 9 Ne nous lassons pas de faire le bien; car nous moissonnerons au temps convenable, si nous ne nous relâchons pas. 10 Ainsi donc, pendant que nous en avons l'occasion, pratiquons le bien envers tous, et surtout envers les frères en la foi.

Psaume 126:5
Ceux qui sèment avec larmes Moissonneront avec chants d'allégresse.

Proverbes 11:18
Le méchant fait un gain trompeur, mais celui qui sème la justice a un salaire véritable.

127. Le plus important n'est pas d'être le meilleur mais de devenir une meilleure personne.

128. La vraie bénédiction c'est d'être une bénédiction pour les autres.

129. Même si tu es dans la souffrance et que tu gémis, ne refuse jamais d'être une source de bénédiction pour quelqu'un.

130. La conscience de l'esprit te donnera la raison du cœur.

131. La compassion c'est utiliser son cœur pour voir et entendre.

132. Si tu vois avec ton cœur, tu ne seras jamais aveugle.

CHAPITRE XIX :

SOIS TOUJOURS TOLERANT

Éphésiens 4 : 30-32
30 N'attristez pas le Saint-Esprit de Dieu, par lequel vous avez été scellés pour le jour de la rédemption. 31 Que toute amertume, toute animosité, toute colère, toute clameur, toute calomnie, et toute espèce de méchanceté disparaissent du milieu de vous. 32 Soyez bons les uns envers les autres, compatissants, vous pardonnant réciproquement, comme Dieu vous a pardonné en Christ.

Proverbes 19:11
L'homme qui a de la sagesse est lent à la colère, Et il met sa gloire à oublier les offenses.

133. L'exclamation ne suffit pas pour mettre un point final au racisme, il faut faire de l'amour le trait d'union entre tous les hommes.

134. Arrêtons de mettre des barrières entre les cultures, construisons des ponts. C'est la seule manière de freiner le racisme.

135. Comment veut-on changer les mentalités si on ne commence pas par montrer l'exemple ?

DEDICACE A MON DIEU

Deutéronome 15:10
Donne-lui, et que ton cœur ne lui donne point à regret; car, à cause de cela, l'Éternel, ton Dieu, te bénira dans tous tes travaux et dans toutes tes entreprises.

Psaumes 86:12
Je te louerai de tout mon cœur, Seigneur, mon Dieu! Et je glorifierai ton nom à perpétuité.

1 Thessaloniciens 5:18
Rendez grâces en toutes choses, car c'est à votre égard la volonté de Dieu en Jésus Christ.

136. Si tu ne sais pas quoi donner à Dieu, donne-Lui tout ce qu'Il t'A Donné.

137. Ce que les hommes ne peuvent pas te donner, que Le Ciel te le Donne.

138. Même si toutes les portes sont fermées, Le Ciel Sera toujours Ouvert.

139. Quand tu n'as plus la force d'avancer, élève les bras.

140. Dans les affaires du Royaume, il n'y a pas soustraction mais multiplication.

LES 142 CITATIONS D'UNE COMBATTANTE

POUR FINIR.

MA CITATION PREFEREE :

Romains 5 : 3 - 4
Bien plus, nous sommes fiers même de nos détresses, sachant que la détresse produit la persévérance, la persévérance la victoire dans l'épreuve, et la victoire dans l'épreuve l'espérance.

Hébreux 11 : 1
Or la foi, c'est la ferme assurance des choses qu'on espère, la démonstration de celles qu'on ne voit pas.

1 Corinthiens 13 : 13
Maintenant donc ces trois choses restent: la foi, l'espérance, l'amour; mais la plus grande des trois, c'est l'amour.

141. Je crois que je préfère l'espérance à l'espoir car selon moi l'espoir a besoin d'un soupçon de possible pour opérer tandis que l'espérance bâtit même dans le néant.

142. Love starts when words end ...

Merci pour la lecture
Je vous aime, à bientôt !

Née à Kinshasa en septembre 1983, Elikyah est arrivée en Belgique à l'âge de 6 ans. En Belgique, elle a réussi brillamment ses études se rangeant dans le top 3 des meilleurs élèves. C'est ainsi qu'elle obtient en 2008 son diplôme de docteur en médecine à l'Université Libre de Bruxelles (Erasme) et qu'elle se spécialise en médecine interne et en néphrologie à l'*Universitaire Ziekenhuis Brussel*.

Les multiples difficultés et obstacles rencontrés sur son chemin ne l'ont pas arrêtée. Le racisme, l'injustice, le rejet, les moqueries, les fausses accusations, elle les a surmontés. Au contraire, ces événements lui ont permis de développer son caractère et aiguiser sa volonté à ne jamais abandonner. Cet ouvrage est un hymne à la vie, une exhortation à garder espoir quelles que soient les circonstances de la vie et à se battre, mieux à combattre pour atteindre ses objectifs, réaliser ses rêves ou reprendre le fil de ses rêves là où les hommes ou les circonstances les ont arrêtés.

© 2024 ELIKYAH KAYEMBE HAEMERS
Édition : BoD – Books on Demand, info@bod.fr
Impression : BoD – Books on Demand, In de Tarpen 42, Norderstedt (Allemagne)
Impression à la demande
ISBN : 978-2-3225-3922-2
Dépôt légal : Juillet 2024